ZenLabs

To view our full range of books search for "ZenLabs" on Amazon.

ISBN: 9781086465617

Zen Leaf

Zen Labs

Zen Labs

Zen Labs

Zen Lab

Zen Lady

Zen Lab

Zen Lady

Zen Lady

Zen Lab

Zen Lady

Color
Test
Page

Color
Test
Page

Zen Labs

Made in the USA
Las Vegas, NV
28 January 2021

16718133R00037